AF349140

Viena

LA OTRA GUÍA

WOLFGANG REITTER Y BARBARA KADLETZ
FOTOS DE GEORG MOEHRKE

EDITORIAL JONGLEZ

Guías de viaje

«COMO ACABAS DE VER,
VIENA ES EL LUGAR IDEAL
PARA EXPLORAR, EN TOTAL
SOLEDAD INTERIOR,
LA TOTALIDAD DEL COSMOS.»

PETER CAMPA

Vivir en Viena es un auténtico placer. Esta ciudad de contrastes sorprendentes tiene mucho que ofrecer a quienes ven la vida con los ojos y la mente bien abiertos. Aquí hay una alegría de vivir sencilla, muchos placeres profanos, pero también una profundidad intelectual y un agudo sentido de la estética. En resumidas cuentas, Viena seducirá tanto a los hedonistas más narcisistas como a los que ansían enriquecerse culturalmente.

No vamos a llevarte por los caminos de siempre, sino a mostrarte lugares donde esta ciudad fabulosa, con una originalidad poco común, muestra su encanto intrínseco y su belleza histórica de la mano de sus habitantes. Lugares donde esta famosa diversidad ha creado espacios admirables, entrañables y conmovedores, cada uno a su manera. Lugares donde nos encanta pasar tiempo.

No dudes en seguirnos hasta las afueras de la ciudad (incluso un poco más allá). Allí también encontrarás maravillas. ¿Sabías que algunos barrios de Viena se encuentran dentro de uno de los mayores espacios naturales protegidos de Europa central? ¿Que la artesanía de alta calidad, lejos de estar pasada de moda, es un concepto de futuro en el siglo XXI? ¿Que la urbanización del siglo XX dio lugar, justamente en las afueras, a lugares de una belleza atemporal?

No te preocupes que también te llevaremos al centro histórico, así como a muchos pequeños rincones urbanos en los que saborearás la vida vienesa en toda su originalidad y vitalidad. Sumérgete, desconecta, tómate un respiro... En poco tiempo, tú también caerás bajo el encanto de esta ciudad inimitable.

Wolfgang Reitter y Barbara Kadletz

EN ESTA GUÍA,
NO ENCONTRARÁS

- los lugares en los que admirar a los Habsburgos muertos
  hace tiempo...
- ... y ni la más mínima mención a la emperatriz Sissi
- las instrucciones para aprender a bailar el vals
- la receta del mejor *schnitzel* vienés
- el recorrido por los castillos e iglesias más famosos

EN ESTA GUÍA,
ENCONTRARÁS

- cafés vieneses tradicionales sin las multitudes de turistas
- donde pasar la noche en un dormitorio de lujo
- donde cantar con una leyenda austríaca del fútbol
- un hotel donde cada habitación es única
- una tienda donde podrás grabar un disco de los de verdad
- el mejor helado de Viena
- una de las mejores tiendas de moda *vintage* del mundo
- un magnífico castillo renacentista que ni los locales conocen
- una iglesia que podría haber inspirado el juego *Minecraft*
- donde disfrutar de un gulash excepcional

LOS SÍMBOLOS DE
VIENA

Barato

Asequible

Caro

Accesible en
transporte público

Se recomienda
reservar

100 %
Viena

Los horarios de apertura suelen variar,
por lo que recomendamos consultarlos directamente
en la página web del lugar que vayas a visitar.

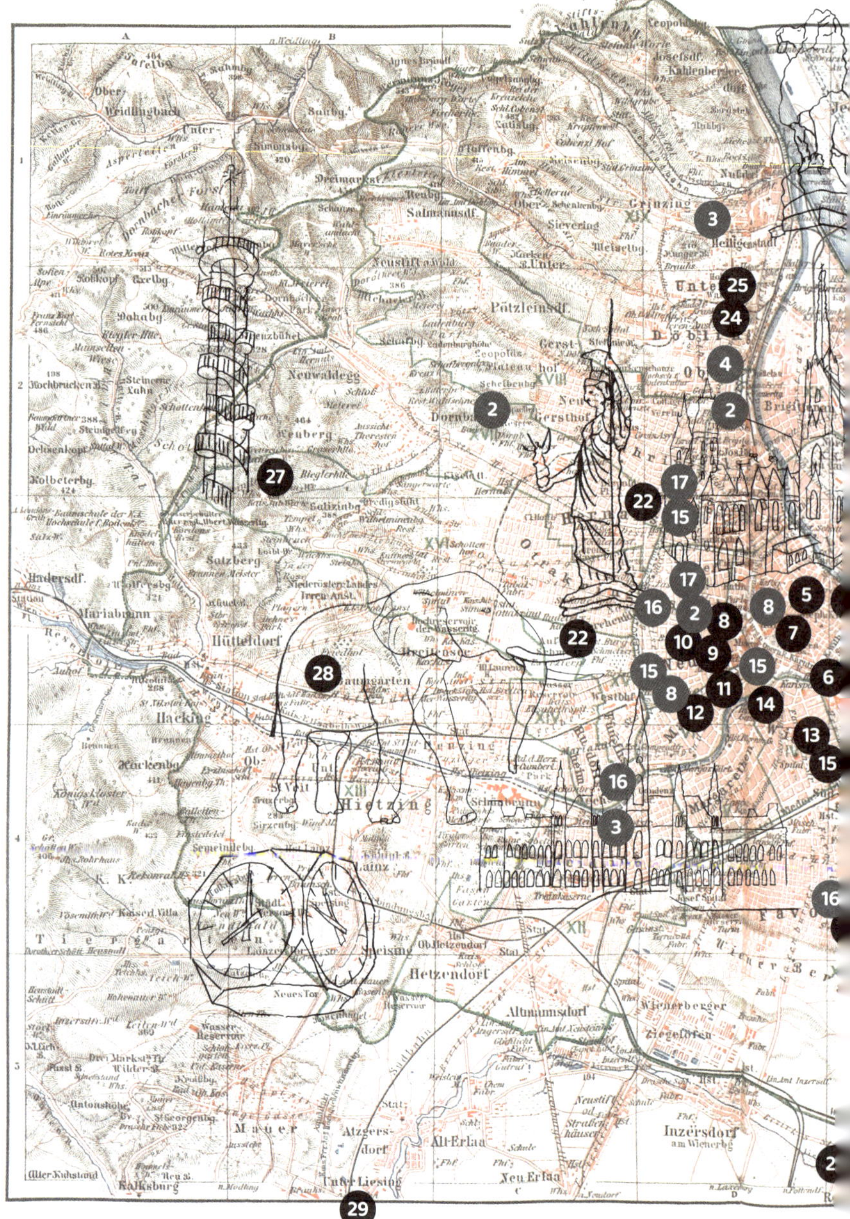

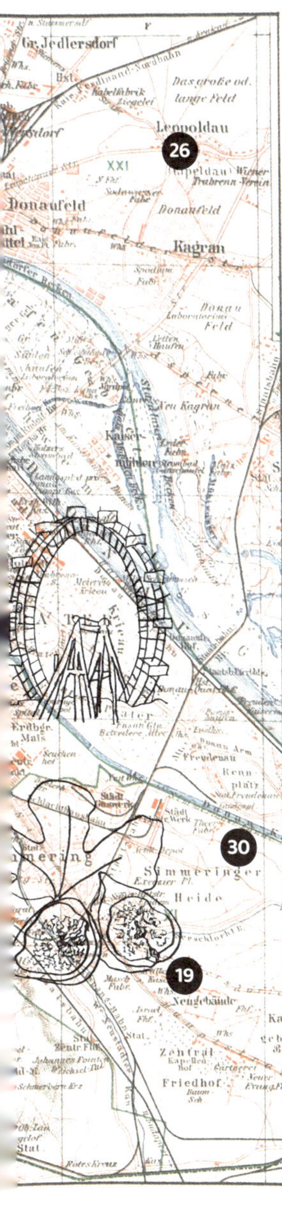

30 EXPERIENCIAS

01. Alquilar una bicicleta con estilo
02. Un *goulash* cada día
03. Una piscina en el río
04. Mediodía a la griega
05. ¡El bar nocturno que no te puedes perder!
06. Una noche en un dormitorio de lujo
07. Artesanía tradicional dulcificada
08. Un hotel con encanto donde cada habitación
     es única
09. Espresso, chucrut y los mejores cruasanes
     de la ciudad
10. Un gabinete de curiosidades fotográficas
11. Pura felicidad
12. Un refugio para el cuerpo y el alma
13. Una de las mejores tiendas de moda vintage
     del mundo
14. Una sorprendente caverna de Alí Babá
     musical
15. Un café vienés tradicional sin las multitudes
     de turistas
16.   ¡A lomos de un caballo!
17. *Gelati! Gelati!*
18. El paraíso de los más pequeños
19. Una joya renacentista escondida
20. Un Central Park vienés en el sur de la ciudad
21. *Slow food* en la granja de los caracoles
22. Uno de los biergärten más bonitos de Viena,
     escondido entre jardines familiares
23. ¡Que nieve!
24. Big in Japan
25. El restaurante más antiguo de la ciudad
26. Zapatos de lujo de lujo en un castillo
     del siglo XVI
27. El corazón de Europa central a tus pies
28. una iglesia que podría haber inspirado
     el juego *Minecraft*
29. *Ora et labora* – Reza y trabaja
30. El espíritu macabro de Viena

ALQUILAR
UNA BICICLETA
CON ESTILO

En el lugar donde hoy se encuentra la Bruno-Marek-Allee se alzaba antaño la Estación del Norte de Viena, una de las más suntuosas de la monarquía austrohúngara. Hoy, el ferrocarril ha dejado paso a uno de los proyectos urbanísticos más ambiciosos de la ciudad. En este barrio moderno, el tráfico automovilístico ha quedado relegado a un papel secundario, por lo que no sorprende que la emblemática tienda de bicicletas Starbike encontrase aquí su nuevo escaparate en 2019. Su propietario, Michael Knoll, ha creado un acogedor paraíso de 300 m² para los ciclistas. Todos son bienvenidos, desde los fanáticos de la bici hasta los más novatos, para recibir asesoramiento o disfrutar de un buen café.

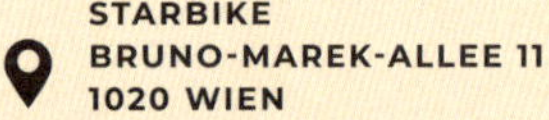

STARBIKE
BRUNO-MAREK-ALLEE 11
1020 WIEN

starbike.at

SHIMANO
SHIMANO
CIAO
UNIOR

Si vienes a visitar Viena con pena de haber dejado en casa tu MTB favorita, que sepas que Starbike no solo vende o repara bicicletas: en un abrir y cerrar de ojos, puedes alquilar una bicicleta e irte de aventura deportiva por los bosques vieneses o unirte a una de las muchas rutas ciclistas que se organizan en la ciudad. Por último, Starbike también es una galería de arte que ofrece toda una auténtica sensación: el artista urbano austríaco de fama internacional Golif ha decorado una pared entera de la tienda con una de sus obras más icónicas.

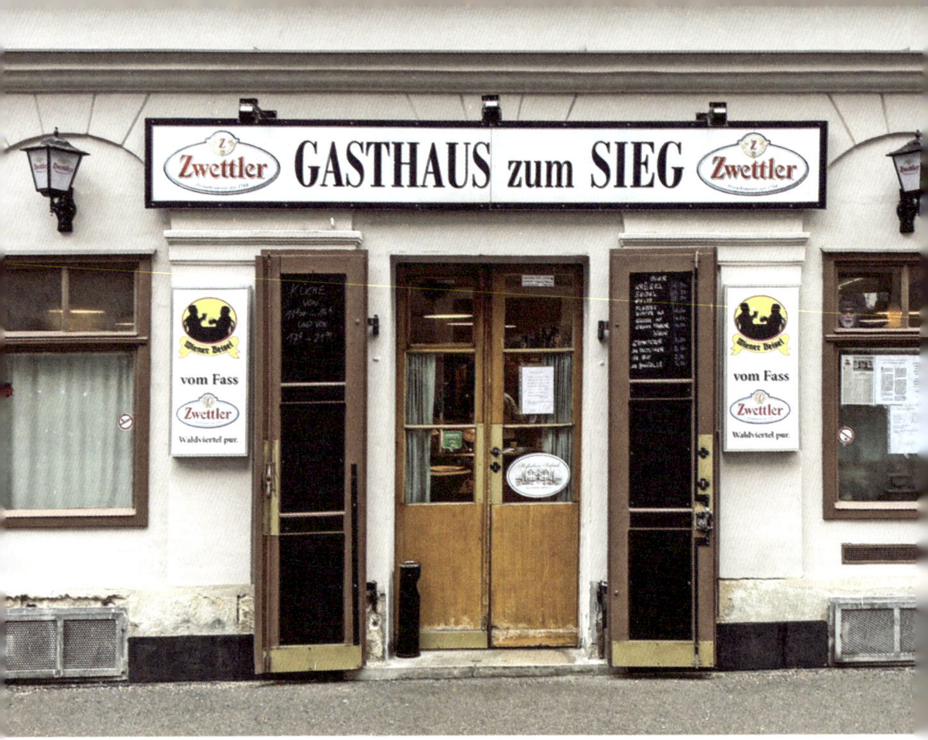
Zwettler
GASTHAUS zum SIEG
Zwettler
Wiener Beisl
vom Fass
Zwettler
Waldviertel pur.
Wiener Beisl
vom Fass
Zwettler
Waldviertel pur.

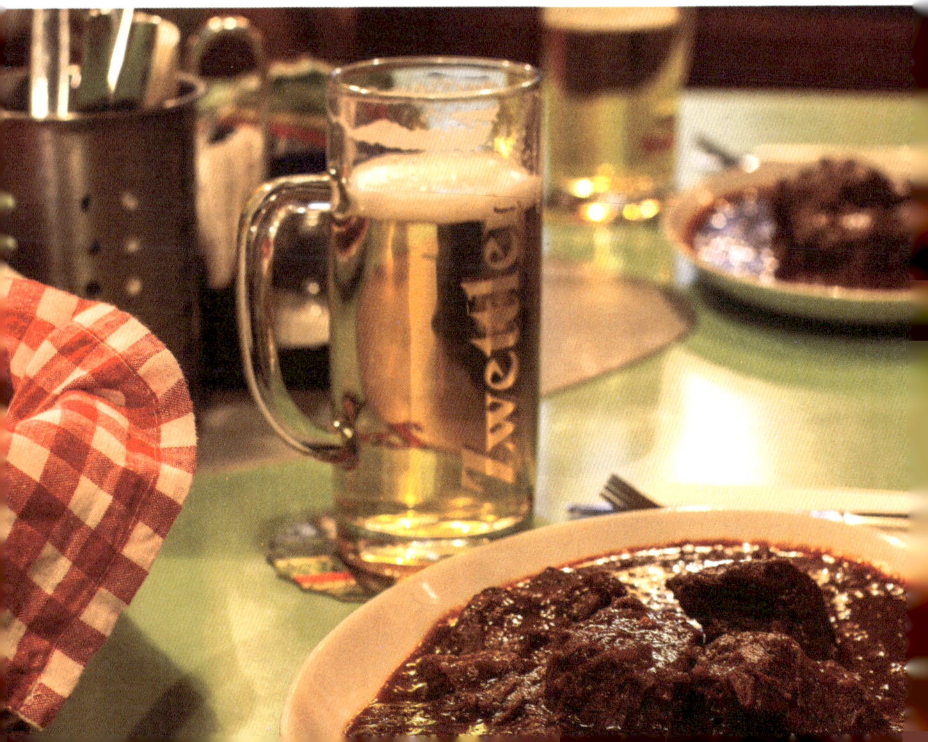

UN *GOULASH* CADA DÍA

Una barra con décadas de antigüedad, una paredes revestidas de madera, un ambiente rústico y una sala siempre llena de clientes locales: Gasthaus zum Sieg tiene uno de los ambientes tradicionales más encantadores de la ciudad. Si quieres reservar una mesa, es necesario hacerlo por teléfono. Puedes buscar información durante horas en su web, Facebook o Instagram, o buscar su menú; no encontrarás nada, porque solo tienen un plato en la carta: el *goulash*. Eso sí, el mejor y más sabroso de toda Viena y de toda Europa central. Cada día, se guisa a fuego lento durante horas en una enorme olla hasta alcanzar la perfección. Los tiernos trozos de ternera especiada se deshacen literalmente en la boca, acompañados idealmente de un sorbo de cerveza austríaca recién tirada. ¡Es imposible adentrarse más en el alma culinaria de Viena!

GASTHAUS ZUM SIEG
HAIDGASSE 8
1020 WIEN

+43 1 214 46 53

TRES FANTÁSTICOS RESTAURANTES VIENESES TRADICIONALES MÁS

> Simon Schubert y Julian Lechner describen muy acertadamente su restaurante como una «taberna vienesa contemporánea». No hay mejor manera de combinar la tradición local con las actuales exigencias de calidad, sin olvidar los *toques* exóticos ocasionales. ¡Tres *toques* bien merecidos en la guía Gault & Millau!

Reznicek
Reznicekgasse 10 - 1090 Wien - +43 1 310 44 07
*reznicek.co.at - Instagram: @_reznicek_*

> La cocina austríaca que nace del corazón: la taberna Grünauer es un ejemplo perfecto de auténtica hospitalidad local. Una calidad excepcional sin pretensiones, una excelente selección de vinos austríacos y uno de los comedores más acogedores de la ciudad.

Gasthaus Grünauer
Hermanngasse 32 - 1070 Wien - +43 1 526 40 80
gasthaus-gruenauer.at

> Una taberna de las afueras renovada con buen gusto, donde la cocina se inspira en el legendario chef vienés Heinz Herkner. El éxito está asegurado: aquí puedes degustar especialidades austríacas de alto nivel, entre las que destacan vísceras preparadas a la perfección, así como una selección muy recomendable de platos vegetarianos.

Pichlmaiers zum Herkner
Dornbacher Straße 123 - 1170 Wien - +43 1 480 12 28
zumherkner.at - Instagram: @pichlmaierszumherkner

ZNICEK

GASTHAUS
GRÜNAUER

PICHLMAIERS
ZUM HERKNER

UNA PISCINA
EN EL RÍO

¿Nadar en pleno corazón de la ciudad? En Viena es posible.
No directamente en el canal del Danubio, que serpentea
perezosamente por el centro, sino sobre él, en el Badeschiff:
en la cubierta de esta barcaza anclada a la orilla del río hay
una piscina de 27 metros de largo que no puede ser más cool.
Podrás nadar con total tranquilidad, con unas vistas privile-
giadas a la venerable fachada neobarroca del Urania, saludar
a los barcos que pasan e incluso provocar algunas miradas
envidiosas.

 **BADESCHIFF WIEN**
FRANZ-JOSEFS-KAI 4/DONAUKANAL
1010 WIEN

+43 660 31 24 703

badeschiff.at

Mitch
P
Mitch + PE!
MITCH
XX13
BADESCHIFF WIEN #1
Coca-Cola
Coca-Cola

SCHÖNBRUNNER BAD

KRAPFENWALDLB

Y por si esto no fuese ya suficientemente extraordinario, esta piscina no abre solo en verano. Al fin y al cabo, Austria es famosa sobre todo por sus deportes de invierno... Así que, aunque las montañas estén un poco lejos de Viena para ir a esquiar, también podrás jugar una partida de *curling* o nadar en el agua helada antes de disfrutar de la sauna. Como cierre, un ponche o un vino caliente servido desde el bar pondrá el broche final a una perfecta tarde de vacaciones vienesas.

LAS MEJORES PISCINAS DE VIENA

> Amantes de la arquitectura y del *art déco*, no os perdáis esta piscina situada justo enfrente de la legendaria heladería Tichy. Podréis hacer todos los largos que queráis en un ambiente de lo más elegante.

Amalienbad
Reumannplatz 23 - 1100 Wien
+43 1 607 47 47 - wien.gv.at

> Una piscina con vistas: en este legendario establecimiento al aire libre, toda Viena se despliega a tus pies.

Krapfenwaldlbad
Krapfenwaldgasse 65-73 - 1190 Wien
+43 1 320 15 01 - wien.gv.at

> Piscina al aire libre ubicada directamente en los jardines del palacio de Schönbrunn, donde el mismísimo emperador Francisco José I aprendió a nadar. Disfruta de una piscina de 50 metros y de un restaurante fantástico.

Schönbrunner Bad
Schlosspark Schönbrunn - 1130 Wien
+43 1 817 53 53 - schoenbrunnerbad.at

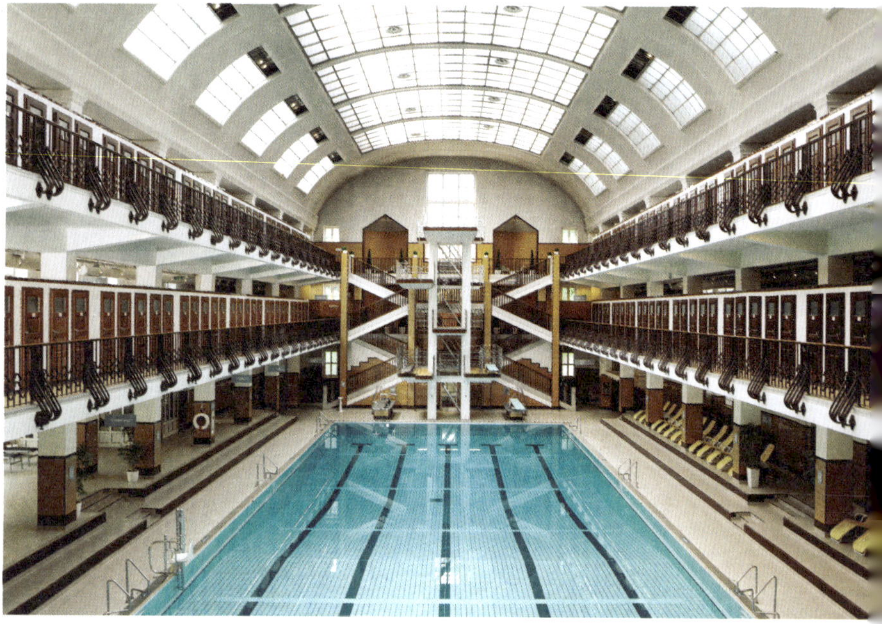

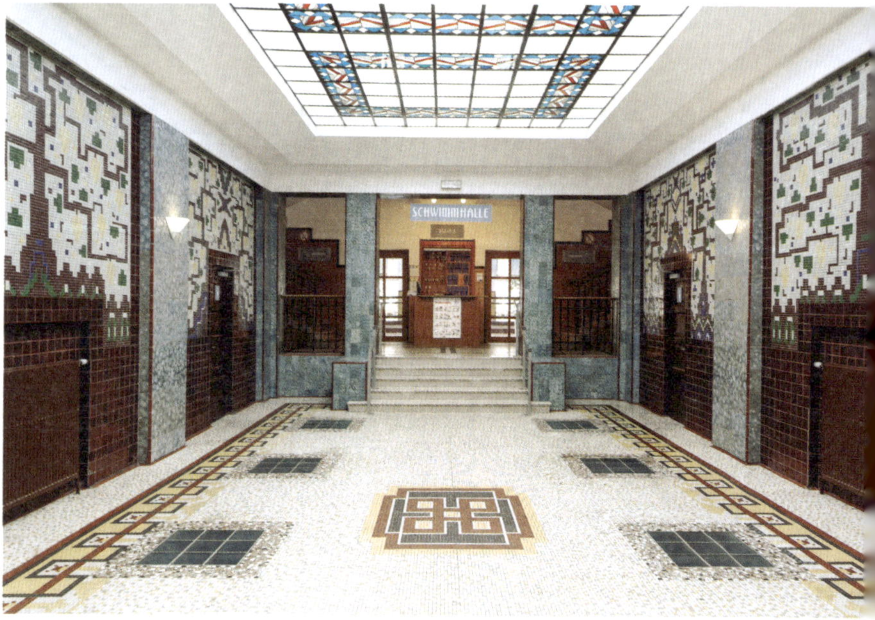

FOTOS © WIENTOURISM/PAUL BAUER

AMALIENBAD

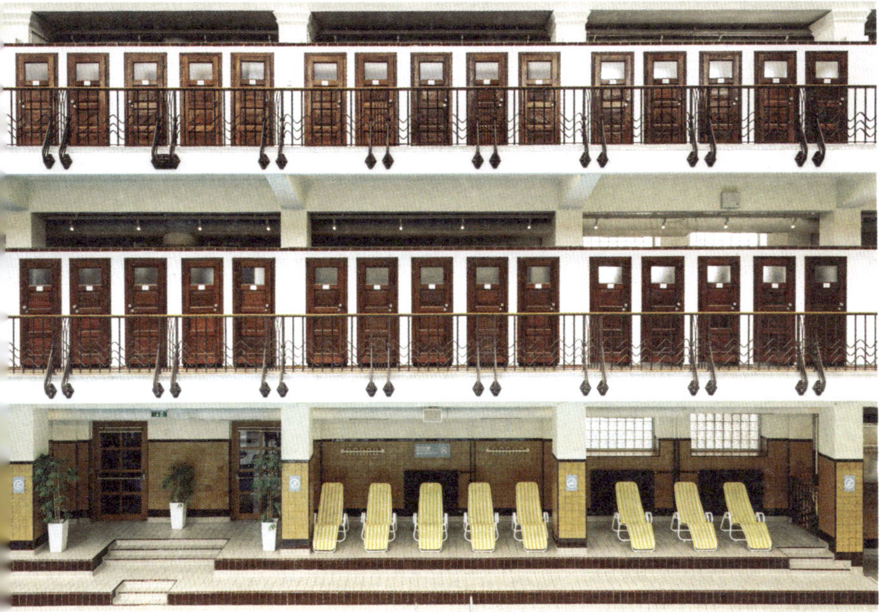

MEDIODÍA
A LA GRIEGA

Visitemos a uno de los mejores cocineros de Austria. Fantasioso y sorprendente, el restaurante de Konstantin Filippou ostenta actualmente cinco *toques* Gault & Millau y dos estrellas Michelin. El trabajo del chef se caracteriza por su gusto por la experimentación, una marcada sensibilidad artística y una carrera repleta de etapas internacionales, todas ellas espectaculares, que elevan la cocina de sus antepasados austríacos y griegos a otro nivel. El menú de cena de 9 platos, con una estudiada perfección, es una experiencia para el paladar que ni los sibaritas más cosmopolitas olvidarán fácilmente.

 **RESTAURANTE KONSTANTIN FILIPPOU**
DOMINIKANERBASTEI 17
1010 WIEN

de  a

+43 1 512 22 29

konstantinfilippou.com
Instagram: @konstantinfilippou

O BOUFÉS

¿Prefieres un menú algo más sencillo, pero también de altísimo nivel? Abre la puerta del local de al lado, la del bar de vinos O boufés. O, a las afueras de Viena, Konstantin y su simpático equipo de Mama Constantina se dedican con un entusiasmo incansable a la cocina griega tradicional.

También te recomendamos visitar el restaurante principal para degustar al mediodía el menú *Business Lunch* de 69 €: pocas veces en Europa se puede disfrutar de una muestra de arte culinario de este nivel a este precio.

O BOUFÉS
DOMINIKANERBASTEI 17
1010 WIEN

+43 1 512 22 29 10
konstantinfilippou.com/oboufes
Instagram: @o.boufes

MAMA KONSTANTINA
DÖBLINGER HAUPTSTRASSE 17
1190 WIEN

+43 1 438 00 95
mamakonstantina.com
Instagram: @mamakonstantina

¡EL BAR NOCTURNO QUE NO TE PUEDES PERDER!

Viena cuenta con genuinos bares de cócteles desde 1910, año en el que se inauguró el American Bar, diseñado por el arquitecto Adolf Loos. Desde entonces, la cultura de los bares no ha dejado de renovarse: la sucesión de nuevas tendencias hace de Viena una ciudad siempre interesante para las criaturas de la noche.

Kleinod Bar, en pleno centro, es uno de nuestros lugares favoritos para trasnochar. El personal siempre sabe adaptarse y las bebidas tienen los matices justos. El público no es ni demasiado joven, ni demasiado mayor, ni excesivamente homogéneo. Este local juega hábilmente con todos los elementos que conforman un acogedor refugio nocturno. Tienen incluso una antigua máquina de tabaco que sigue funcionando.

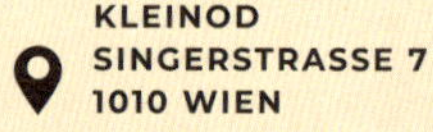

KLEINOD
SINGERSTRASSE 7
1010 WIEN

+43 664 22 36 300

kleinod-diebar.wien
Instagram: @kleinodwien

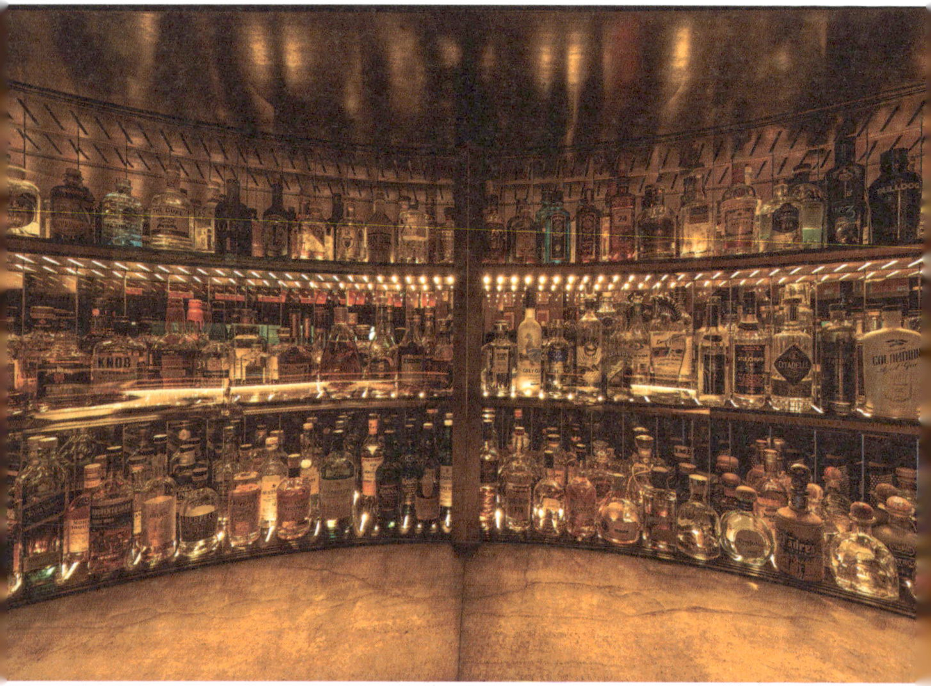
KNOB
CITADELLE

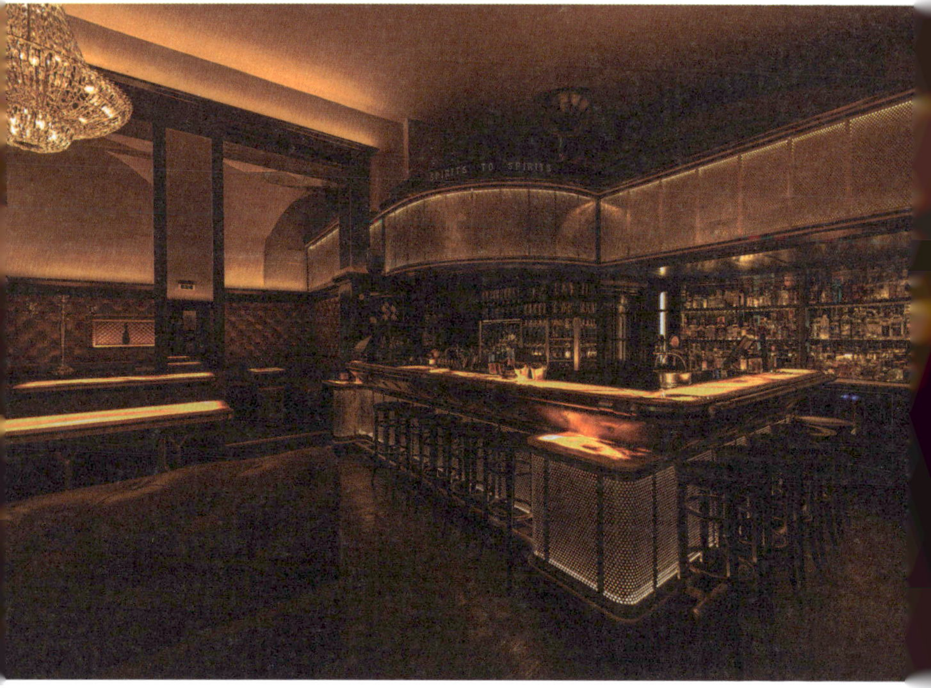
SPIRITS TO SPIRITS

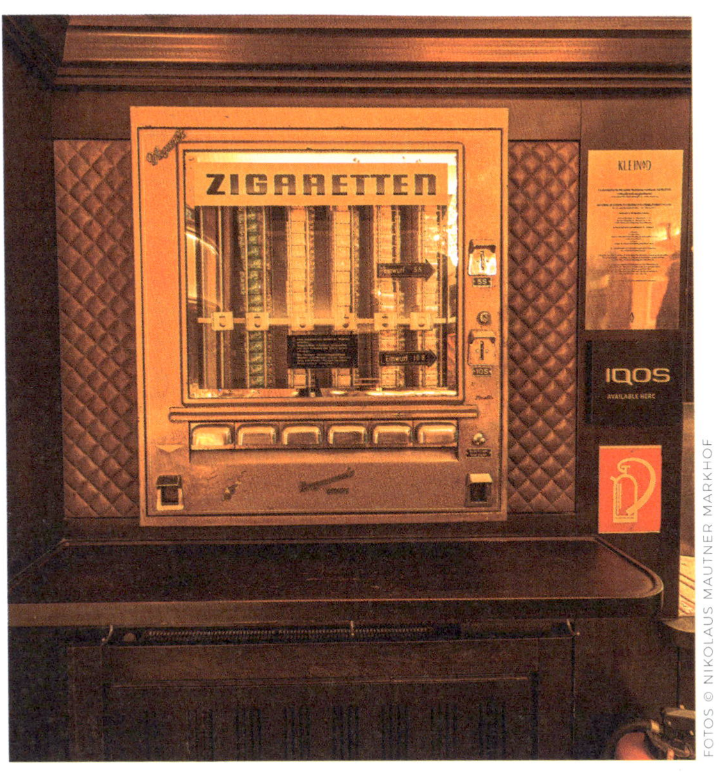

Pero lo que realmente atrae es su amplia variedad de cócteles de autor, creados por el equipo del Kleinod, que sabe cómo combinar un profundo conocimiento de la historia de la cultura de los bares con una audaz capacidad de experimentación para ofrecerte experiencias gustativas inolvidables. Es difícil elegir entre nuestros favoritos: Muffin, Apple Pie, Red Hot Chili Pepper, Thai Massage o Tyler Durden.

#06

UNA NOCHE EN UN DORMITORIO DE LUJO

Si el precio de la gran suite (desde 1469 €) es demasiado caro para tu presupuesto, puedes igualmente pasar una noche de primera clase en el magnífico hotel Grand Ferdinand, en la Ringstrasse de Viena. Al más puro estilo de la hospitalidad del siglo XIX, reserva una litera en el dormitorio de 8 camas por 50 €.

En un ambiente digno del Orient Express o del RMS Titanic, darás un auténtico salto al pasado de los viajes mundanos. Esta elegante casa también alberga uno de los mejores restaurantes especializados en *schnitzel* vienés y, en la azotea, un bar fabulosamente romántico con piscina.

HOTEL GRAND FERDINAND
SCHUBERTRING 10–12
1010 WIEN

de  a 

+43 1 91 880 0

grandferdinand.com
Instagram: @grandferdinand

ARTESANÍA TRADICIONAL
DULCIFICADA

En Viena, el oficio de repostero tiene una tradición centenaria. Aún hoy, hay muchas pastelerías y confiterías de antaño que ofrecen una amplia variedad de delicias clásicas o de reciente invención.

La Zuckerlwerkstatt ha conservado un hermoso legado que ha logrado escapar del olvido: la elaboración artesanal de caramelos multicolores con sabores de lo más variados. La masa azucarada se trabaja exclusivamente con espátula y tijeras para dar forma a encantadores motivos algo *kitsch*.

En el taller-escaparate ubicado en pleno centro de la ciudad, podrás observar de cerca este trabajo extraordinario antes de elegir unos deliciosos recuerdos entre un gigantesco surtido de golosinas.

 **ZUCKERLWERKSTATT**
FÜHRICHGASSE 3
1010 WIEN

zuckerlwerkstatt.at

UN HOTEL CON ENCANTO
DONDE CADA HABITACIÓN ES ÚNICA

No muy lejos del centro de la ciudad, Spittelberg es un maravilloso barrio de edificios antiguos que constituye un punto de partida de lo más práctico para explorar Viena en detalle. ¿Por qué no alojarte aquí directamente?

El Hotel Altstadt te sumergirá en la atmósfera de un palacio de la monarquía danubiana, gracias a sus habitaciones con un diseño contemporáneo poco convencional, diseñadas por artistas de renombre de todos los ámbitos imaginables.

Además, el propietario posee una impresionante colección de obras de arte, entre las cuales una pequeña selección adorna las paredes del hotel. Te alojarás rodeado de valiosos originales firmados por Hubert Schmalix, Brigitte Kowanz, Andy Warhol, Annie Leibovitz o Friedensreich Hundertwasser.

La manera perfecta de lanzarte a descubrir los numerosos museos de arte que hay en los alrededores.

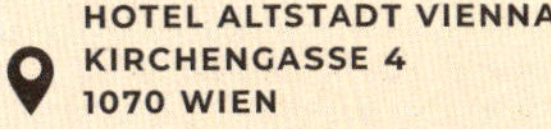

HOTEL ALTSTADT VIENNA
KIRCHENGASSE 4
1070 WIEN

+43 1 522 66 66

altstadt.at
Instagram: @altstadtvienna

HOTEL ALTSTADT VIENNA

> El Motto despliega su elegancia mundana en el lujoso entorno de un edificio antiguo, reformado con altos estándares, en la calle comercial más grande de Viena. Con una panadería impresionante y, probablemente, el mejor *rooftop* de la ciudad.

Hotel Motto
Mariahilfer Straße 71a - 1060 Wien
+43 1 581 45 00 - hotelmotto.at - Instagram: @hotelmottovienna

> Habitaciones elegantes en colores pastel, una impresionante colección de discos de vinilo y un bar de cócteles de primera clase en un encantador hotel independiente.

Die Josefine Hotel
Esterhazygasse 33 - 1060 Wien
+43 1 588 70 - hoteljosefine.at - Instagram: @diejosefinewien

HOTEL MOTTO

ESPRESSO, CHUCRUT
Y LOS MEJORES CRUASANES DE LA CIUDAD

El Café Bar Espresso es uno de esos lugares encantadores donde el tiempo parece haberse detenido. Aquí, se ha quedado anclado en los años 50, cuando la elegancia italiana vino a darle color a los días grises de la Viena de posguerra. Pero como ya se sabe que la elegancia es atemporal, el ambiente sigue siendo tan refrescante en pleno siglo XXI como lo fue cuando abrieron este local.

Desde las 7:30 de la mañana hasta las doce de la noche, encontrarás prácticamente casi todo lo que puedas desear durante tu estancia en la ciudad.

Empieza el día con los mejores cruasanes de Viena, elaborados por la panadería ecológica de la casa, Ährnst. A mediodía, disfruta de un abundante menú del día, fantásticos *tramezzini* y unas excelentes conservas caseras (¡mención especial para la deliciosa chucrut!). Por la noche, este es tu campamento base ideal para explorar la vida nocturna vienesa, entre deliciosos cócteles y DJs de moda.

CAFÉ NATURAL WINE BAR ESPRESSO
BURGGASSE 57
1070 WIEN

+43 1 522 10 570

espresso-wien.at
Instagram: @espresso_burggasse

Espresso
Espresso
Schremser
Schremser

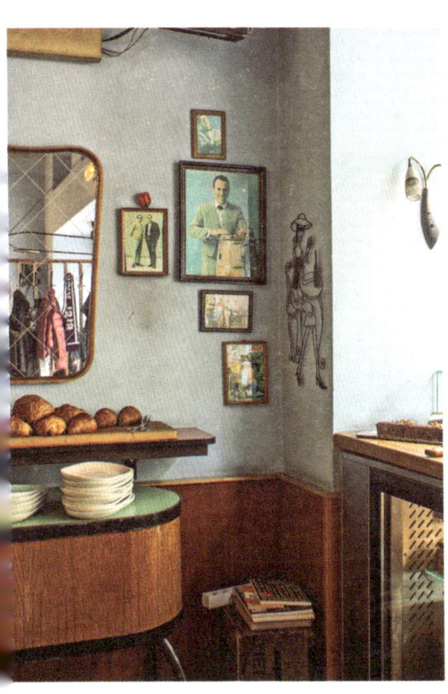

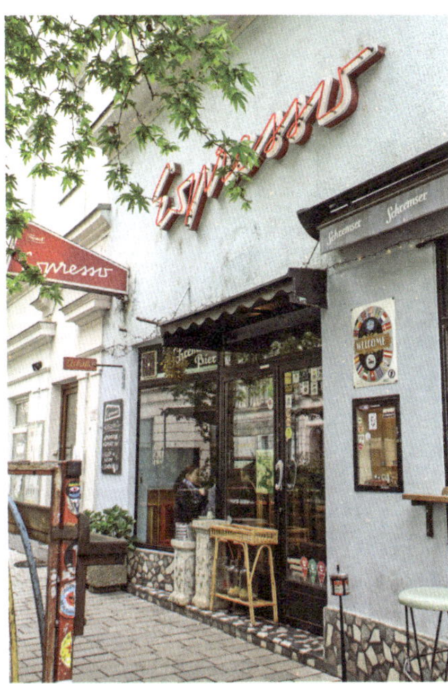

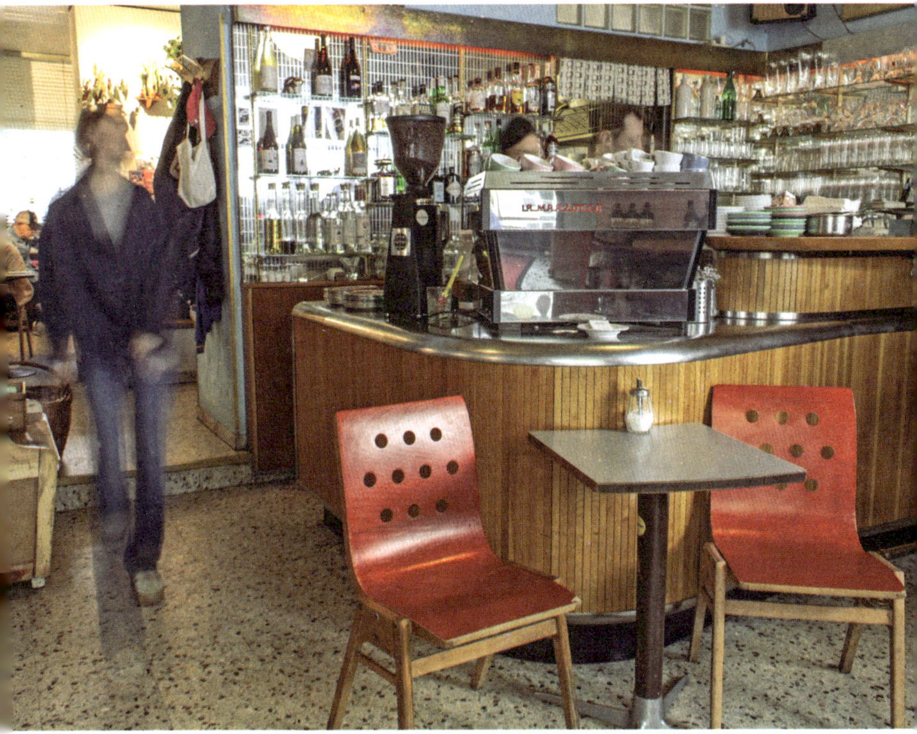

UN GABINETE DE CURIOSIDADES FOTOGRÁFICAS

En el patio trasero de una antigua fábrica de vidrio se esconde un lugar que ejerce una atracción mágica sobre los amantes de la fotografía del mundo entero. A partir de la colección privada del fotógrafo Peter Coeln, en 2001 nació aquí un museo sorprendentemente completo y de una profundidad inspiradora.

Entre una gran cantidad de cámaras fotográficas raras y de notable valor histórico, podrás admirar uno de los últimos ejemplares de la primera cámara que se comercializó: un daguerrotipo fabricado por Susse Frères que data de 1839.

 **WESTLICHT. SCHAUPLATZ FÜR FOTOGRAFIE**
WESTBAHNSTRASSE 40
1070 WIEN

de  a 

+43 1 522 66 36

westlicht.com
Instagram: @westlichtvienna

Pero el museo no se limita a exponer piezas espectaculares que abarcan todas las épocas de la tecnología fotográfica: su colección de unas 120 000 clichés y fotografías ofrece una extensa panorámica de todas las épocas, géneros y formatos técnicos.

Las exposiciones, que se renuevan varias veces al año, permiten descubrir una mezcla cuidadosamente seleccionada de grandes nombres y novedades del arte fotográfico, así como un gran abanico de temas interesantes, como la presentación anual de los ganadores del prestigioso concurso World Press Photo.

FRANKE & HEIDECKE · BRAUNSCHWEIG
GERMANY
Nr. 2423
Rolleiflex
Heidosmat

In unberührte Tiefe
Die Bezwingung
der tropischen
Meere
Molden

Nikon
Nippon Kogaku

PURA
FELICIDAD

Pura felicidad es lo que mejor describe una velada en este restaurante excepcional. El ambiente es acogedor, incluso íntimo, y el equipo, de una simpatía extraordinaria, además de unos niveles muy altos de competencia y pasión culinaria. Atrévete con un menú sorpresa, de 2 a 6 platos según el tiempo y el presupuesto que tengas. En tu plato descubrirás la fusión desenfadada de una cocina tradicional inteligentemente reinterpretada y una gastronomía refinada.

Sucede lo mismo con los cócteles, cuya variedad y calidad serían la envidia de muchos bares clásicos.

El uso de los mejores ingredientes regionales y un gran porcentaje de elaboración casera (incluido un fantástico miso fermentado *in situ*) demuestran enseguida hasta qué punto la sostenibilidad y el arte culinario de primer nivel pueden ir de la mano.

BRUDER KÜCHE & BAR
WINDMÜHLGASSE 20
1060 WIEN

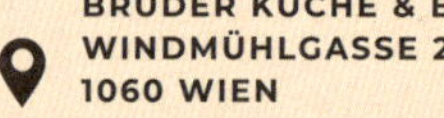

+43 664 135 13 20

bruder.xyz
Instagram: @bruder.xyz

UN REFUGIO PARA
EL CUERPO Y EL ALMA

Dejemos por un momento el ajetreo de las visitas turísticas y descansemos nuestros cinco sentidos en la Saint Charles Apothecary. Cuando cruzas el umbral, el alma agotada suspira aliviada, recibida por un delicioso aroma a plantas y aceites esenciales.

La vista se fija enseguida en un enorme mostrador de madera oscura, un mueble original de la época de los Habsburgo que le confiere a la tienda un encanto ligeramente anticuado. Pero aquí, la tradición se mezcla con la modernidad de una forma práctica, ya que esta extraordinaria farmacia combina conocimientos terapéuticos centenarios con un enfoque global y sostenible del cuidado. Seguro que encontrarás entre su gama de productos propios un recuerdo original de Viena — a nosotros nos encanta el perfume de autor creado por Paul Divjak, poeta vienés de los aromas.

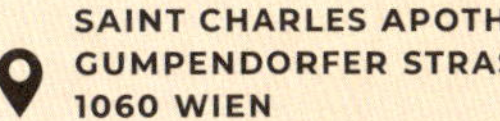

SAINT CHARLES APOTHECARY
GUMPENDORFER STRASSE 30
1060 WIEN

+43 1 586 13 63

saint-charles.eu
Instagram: @saint.charles

Si después de la visita todavía necesitas más relajación y bienestar, no tienes más que reservar un tratamiento estético en el acogedor Saint Charles Hideaway, justo enfrente de la farmacia, o bien regalarte un tentempié saludable en el Saint Charles Alimentary.

UNA DE LAS MEJORES TIENDAS DE
MODA VINTAGE DEL MUNDO

Esta tienda ofrece una asombrosa selección de moda *vintage* que abarca todo un siglo de alta costura. Entre las espectaculares piezas expuestas, se pueden admirar un *top* original de lentejuelas de 1968 de Paco Rabanne, el bañador que llevaba Marilyn Monroe en *Los caballeros las prefieren rubias* y un par de botines que pertenecieron a la emperatriz Sissi (que acabó siendo mencionada en esta guía).

No es de extrañar, pues, que Flo Vintage se haya convertido en una verdadera institución mundial, y que cuente entre su fiel clientela con celebridades como Stella McCartney, Scarlett Johansson y Marc Jacobs. ¡Hasta el gran Karl Lagerfeld vino aquí en busca de inspiración!

 **FLO VINTAGE**
SCHLEIFMÜHLGASSE 15A
1040 WIEN

+43 1 586 07 73

flovintage.com
Instagram: @flovintagevienna

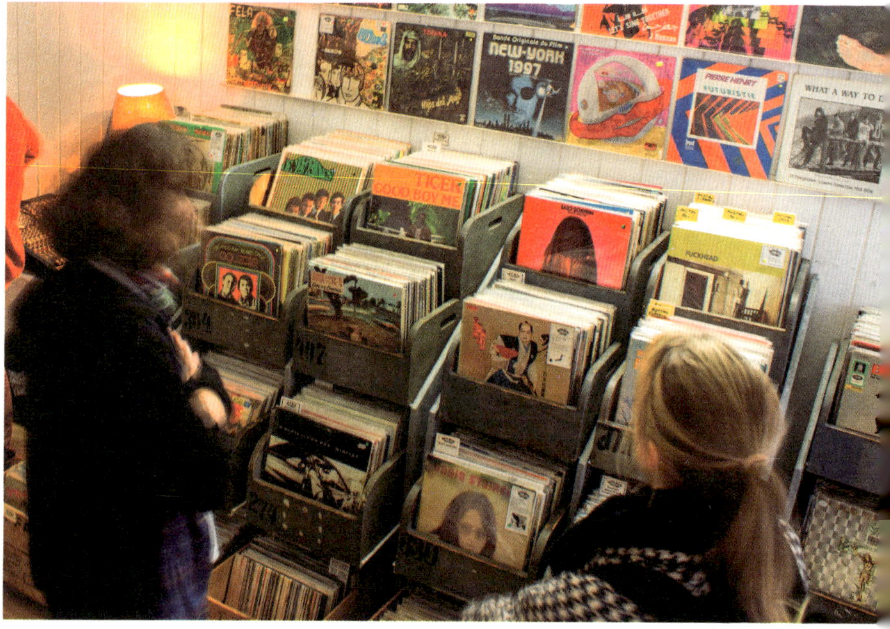
FELA
Bande Originale du Film
NEW-YORK
1997
PIERRE HENRY
FUTURISTIE
WHAT A WAY TO
TIGER
GOOD BOY ME

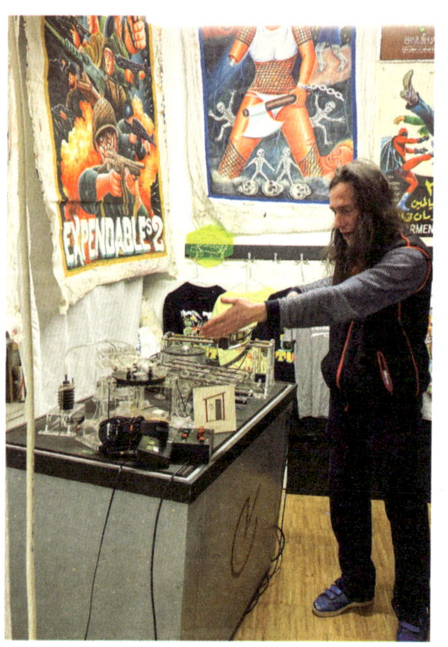

EXPENDABLES 2

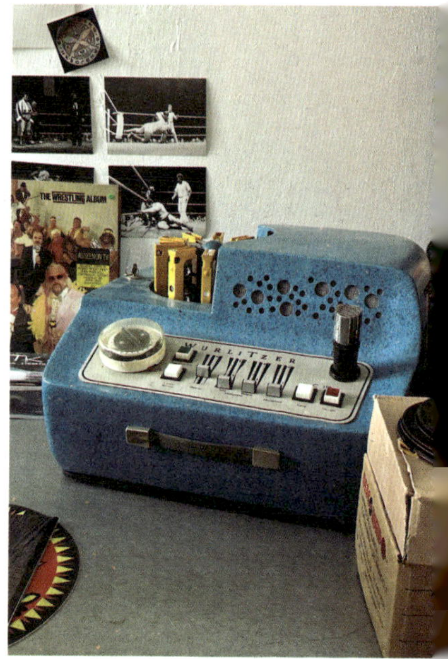

THE WRESTLING ALBUM
WURLITZER

UNA SORPRENDENTE CAVERNA
DE ALÍ BABÁ MUSICAL

Durante años, Albi Dornauer ha recorrido el planeta en busca de vinilos raros de los años 1950 a 1970. Algunas piezas de su increíble colección están a la venta en su tienda Boom Boom Records. Allí encontrarás *soul* sudanés, *reggae* groenlandés, *funk* soviético de Kazajistán, cumbias peruanas, *rock* psicodélico de Texas y rarezas de los primeros años del *hip-hop*. Sin olvidar pequeños tesoros de la cultura pop, como carteles de películas pintados a mano de Ghana.

La misma tienda también te ofrece la original posibilidad de enviar un mensaje único a tus seres queridos: gracias al Vinylograph, inventado por Natascha Muhic y Christoph Freidhöfer, podrás grabar en directo tus saludos y postales sonoras (¿o los primeros compases de un futuro éxito mundial?) en un vinilo de 45 rpm.

BOOM BOOM RECORDS & VINYLOGRAPH
SCHÖNBRUNNER STRASSE 6
1040 WIEN

Instagram: @boomboomrecordsvienna
boomboomrecordsvienna@gmail.com

vinylograph.com

Viena es famosa por ser la ciudad de la música. Nada como tomar un pequeño desvío lejos de los caminos trillados de la melodía: dejamos a los queridos Mozart, Falco y demás *Wiener Sängerknaben* para las hordas de turistas. ¿Qué te parece, en cambio, darte una vuelta por el mercadillo y las numerosas tiendas de discos? Puede que encuentres alguna de esas 30 rarezas, un cóctel exquisito y deliciosamente *cool* de *rock*, *pop* y *jazz* vienés. Ese era el sonido de la Viena de los años 1960 a 1980: internacional y, sin embargo, único, exigente, salvaje, irreverente... ¡simplemente irresistible!

#01 Jack's Angels – Our Fantasy's Kingdom [1967]
#02 The "V"-Rangers – Explosion [1968]
#03 Peter Wolf – A Change In My Life [1969]
#04 The Masters of Unorthodox Jazz – Overground [1969]
#05 Misthaufen – Dung Heap [1971]
#06 Uzzi Förster – Udrilitten [1972]
#07 Joerg Siegert & Chorus Of XII – Brain Sound: An Attempt to Record
     Coincidence [1972]
#08 ORF Big Band, Johannes Fehring & The Chicks – Same [1972]
#09 Paternoster – Paternoster [1972]
#10 Lazarus – Lazarus [1973]
#11 Acid – Acid [1974]
#12 Red Devils – Redevils [1974]
#13 Kaplan Manfred Schwarz – Meine Waffe ist die Gitarre [1974]
#14 Kyrie Eleison – The Fountain Beyond the Sunrise [1976]
#15 Orange Power – Orange Power [1977]
#16 Atlas – Atlas [1977]
#17 Various Artists – Wiener Blutrausch [1979]
#18 Cultural Noise – Aphorisms Insane [1980]
#19 Monoton – Monoton [1980]
#20 Magic Mail – Magic Mail [1981]
#21 Various Artists – Die Tödliche Dosis [1981]
#22 Dämmerattacke – Tausend Seen [1982]
#23 Der Eiserne Vorhang – Ohne Ausweg [1982]
#24 Blümchen Blau – Wie die Tiere [1982]
#25 X-Beliebig – X-Beliebig [1982]
#26 Treasure Island – Change the Prisoner [1983]
#27 Ronnie Urini & Die letzten Poeten – Aus den Kellern der Nacht [1983]
#28 Bizarre Ko.Ko.Ko. – 00 Time [1984]
#29 Timeshift – On the Edge of Society [1988]
#30 Astaron – Astaron [1988]

UN CAFÉ VIENÉS TRADICIONAL
SIN LAS MULTITUDES DE TURISTAS

Mucho antes de que la llamada «tercera ola del café» arrasara Europa central en los años 2000 y cambiara irremediablemente los hábitos de consumo, Viena ya era uno de los grandes centros mundiales del café. Esta tradición cafetera vienesa se ha convertido en una parte tan influyente de la vida urbana que incluso forma parte del patrimonio cultural inmaterial de la UNESCO.

El Goldegg simboliza maravillosamente la belleza histórica de estos establecimientos emblemáticos. Al mismo tiempo, esta casa, restaurada hace unos años, representa también el ejemplo perfecto de una reforma con buen gusto, fiel al original y evitando tanto el exceso de *kitsch* como los abusos del *marketing*. Aquí, se dejan felizmente a la competencia las largas colas de turistas, y prefieren concentrarse en el verdadero punto fuerte del café vienés: ofrecer a los clientes un pequeño momento de puro relax.

CAFÉ GOLDEGG
ARGENTINIERSTR. 49
1040 WIEN

+43 1 505 91 62

cafegoldegg.at
Instagram: @cafegoldegg

CAFE
GOLDEGG

Mesas de mármol, lámparas de latón, suelos de parqué y reves-
timientos de ébano en las paredes recrean la atmósfera artística del *Jugendstil* vienés. Mesas de billar, una magnífica estufa
antigua y una trastienda de exótica opulencia le dan el toque
final que hace de este café, fundado en 1910, uno de nuestros
favoritos indiscutibles.

TRES CAFÉS VIENESES MÁS DONDE ENCONTRARÁS A MÁS LOCALES QUE VISITANTES

> Maravillosamente anticuados, el Café Weingartner tiene una mesa de billar francés, una amplia selección de periódicos actuales y un ambiente, en general, muy alejado del mundo digital.

Café Weingartner
Goldschlagstraße 6 - 1150 Wien
+43 1 982 43 99
weingartner.co.at - Instagram: @cafe_weingartner

> Tras una cuidada reforma, el Café Schopenhauer ha logrado una unión perfecta entre principios del siglo XX y el momento actual. Una elegancia atemporal, una fantástica carta de desayunos, un piano, una librería en medio de la sala... y probablemente el equipo más amable de toda Viena. ¡Una auténtica delicia!

Café Schopenhauer
Staudgasse 1 - 1180 Wien
+43 1 406 32 88
cafeschopenhauer.at - Instagram: @cafeschopenhauer

> Este café tradicional, con su mobiliario opulento, te recibe en un suntuoso palacio del siglo XIX: el Savoy no solo es el lugar perfecto para descansar tras pasear por el Naschmarkt, sino también un punto de encuentro muy valorado por la Viena *queer*, con un público cosmopolita de lo más fascinante.

Café Savoy
Linke Wienzeile 36 - 1060 Wien
+43 1 430 33 04
cafe-savoy.at - Instagram: @cafesavoyvienna

CAFÉ SAVOY

CAFÉ SCHOPENHAUER

A-Nr. 401
urzen
1Kg € 25,90
2,69
A-Nr. 402
Pferde-
KNOBLAUCH-Würstel
nach Alt Wiener Tradition
Allergene: M
1Kg € 25,90
100 g €
2,69
DIE PFERDEFLEISCHEREI
BIZERBA
Es bedient ... Frau Claudia/#101115
0.006   0.332   0.00   0.00
Kakao Milch
Kakao Milch

HOPFENSCHWINGER
Keller
Pferde
Gulasch
HOPFENSCHWINGER
Keller
Pferde
Gulasch

¡A LOMOS
DE UN CABALLO!

Grumprecht es la última de las 600 carnicerías equinas que antaño salpicaban las calles de Viena, y ofrece muchos productos elaborados con carne de caballo en varios mercados de la ciudad. Si te da hambre durante tu visita, te recomendamos el equivalente regional de la *Currywurst* (salchicha al *curry* berlinesa) o de la hamburguesa neoyorquina: el *Pferdeleberkäsesemmel*, un panecillo relleno con una loncha de embutido de carne de caballo horneado. Gumprecht vende una versión de primera calidad de este plato típico muy apreciado por los vieneses, ideal para comerlo tranquilamente mientras paseas por uno de los magníficos mercados de la ciudad. Aquí te dejamos nuestros tres lugares favoritos para vivir una experiencia auténtica de la vida urbana vienesa: el Meidlinger Markt, el Viktor-Adler-Markt en Favoriten y el Schlingermarkt, en el barrio de Floridsdorf.

CARNICERÍA DE CARNE DE CABALLO GUMPRECHT

pferdefleischer.at

Viktor-Adler-Markt, 1100 Wien	Meidlinger Markt, 1120 Wien	Floridsdorfer Markt, 1210 Wien
Stand 38/43	**Stand 134/135**	**Stand 60 & 69**
+43 1 606 22 29	+ 43 1 812 40 24	+43 1 270 13 22

GELATI!
GELATI!

Para algunos, el florecimiento de los galantos o de los jacintos es el que anuncia la inminente llegada de la primavera. Los vieneses saben sin duda que la estación fría ha terminado cuando la heladería Tichy abre sus puertas tras las vacaciones de invierno, hacia mediados de marzo. De repente, todo el mundo pasea por la plaza Reumann saboreando helados, y el proverbial malhumor vienés sucumbe al ambiente italiano. Tichy es un lugar de culto en Viena, y no puedes no ir a este establecimiento adorablemente kitsch, decorado con un estilo muy años cincuenta.

No solo disfrutarás de una de las heladerías más prestigiosas de Viena, sino que, además de los clásicos de vainilla fresa o chocolate, encontrarás también los legendarios *Eismarillenknödel*, una creación original patentada desde hace varias décadas: estas especies de bolas dulces rellenas de albaricoque son una delicia que tienes que probar, al menos una vez en la vida.

 **EISSALON TICHY**
REUMANNPLATZ 13
1100 WIEN

+43 1 604 44 46

tichy-eissalon.at
Instagram: @eissalon_tichy

GEFRORENES

LAS OTRAS TRES HELADERÍAS IMPRESCINDIBLES DEL MOMENTO

> En otra vida, Carlo Maghakian fue publicista. Luego aprendió con el maestro heladero italiano Giacomo Schiavon, en Bolonia, cómo elaborar helados exquisitos. Hoy es probablemente uno de los mejores *gelatieri* de Europa. Aquí, los sabores clásicos tienen una pureza e intensidad increíbles, y las creaciones originales son sencillamente espectaculares.

Gelato Carlo
Hamerlingplatz 2 - 1080 Wien
gelatocarlo.com
Instagram: @gelato.carlo

> Esta encantadora tiendecita del distrito 18 existe desde hace diez años. Helados italianos impresionantes, cremosos y voluminosos, aunque nuestros favoritos son los sorbetes, con una textura deliciosamente suave. Y si quieres saber más, intenta conseguir una plaza en uno de los talleres Gelato Workshops, que suelen llenarse por completo.

Gefrorenes - Eis wie damals
Währinger Straße 152 - 1180 Wien - +43 676 492 70 61
gefrorenes.com
Instagram: @gefrorenes_eis_wie_damals

> Es cierto que Schelato tiene hoy en día varias sucursales y participa en distintos eventos con su motocarro Piaggio Ape. Pero la tienda original, cerca del Naschmarkt, sigue desprendiendo ese ambiente simpático de tienda efímera. ¡Helados riquísimos, caseros, y un buen humor siempre radiante!

Schelato
Schleifmühlgasse 11 - 1040 Wien
schelato.at

EL PARAÍSO
DE LOS MÁS PEQUEÑOS

¿Sabías que, además del mundialmente conocido Prater de Viena, existe un segundo parque de atracciones de estilo retro a las afueras de la ciudad? A diferencia de su hermano mayor, ubicado en pleno centro de Viena con sus luces brillantes y su gran noria que ejercen una atracción magnética sobre miles de turistas, el Böhmischer Prater se esconde en el sur de la capital, al borde del bosque Laaer Wald.

Cuando des con él, descubrirás un verdadero paraíso anacrónico, lejos del bullicio urbano.

BÖHMISCHER PRATER
LAAER WALD
1100 WIEN

Instagram: @boehmischerprater

boehmischer-prater.com

ARABALEK's
KAFFEE & KUCHEN
222

Este parque de ocio alternativo se construyó hace más de 150 años para los obreros procedentes de Bohemia, que buscaban relajarse los domingos tras sus duras jornadas de trabajo en las fábricas de ladrillos de los alrededores, destinados a los prestigiosos edificios del Ring vienés. Disfrutaban con las excursiones dominicales al bosque, a posadas que ofrecían espectáculos, y fue así como se pusieron los cimientos del Böhmischer Prater. Junto a pintorescos establecimientos como el Werkelmann y atracciones modernas, aún está el legendario carrusel que, según cuenta la tradición, el emperador Francisco José I en persona inauguró en 1890. En cuanto a la centenaria noria, es una perfecta muestra del encanto vetusto de este lugar verdaderamente singular.

UNA JOYA RENACENTISTA ESCONDIDA

¿Estás cansado de las hordas de turistas que invaden el palacio de Schönbrunn o el Schloss Belvedere, pero aun así te gustaría sumergirte en la época de los Habsburgo? Entonces, ve al Neugebäude, bien escondido en el distrito 11 de Viena, justo al lado del famoso cementerio central.

Aunque el emperador Maximiliano II quiso convertirlo en una pomposa residencia de verano, su prematura muerte dejó el edificio inacabado.

 SCHLOSS NEUGEBÄUDE
OTMAR-BRIX-GASSE 1
1110 WIEN

schlossneugebaeude.wien

Sin embargo, la agitada historia de este suntuoso castillo renacentista no es su único atractivo: además de los eventos culturales especiales o del pintoresco mercado navideño que se celebran en el magnífico patio interior, merece la pena pasear por el jardín norte del edificio, el Unterer Garten. Pasea como en la época de los emperadores por lo que fue el jardín histórico... Para los niños, subirse a los balancines en forma de jirafa evocará el pequeño zoológico de antaño.

Si sigues el recorrido a pie por los bosques de Simmering durante unos minutos, llegarás directamente a la segunda entrada del cementerio central de Viena. Desde allí, puedes tomar el tranvía n.º 17 para volver al centro de la ciudad. Y si quieres ponerle el broche de oro a un día perfectamente imperial, puedes dar un paseo en carruaje de caballos por el cementerio.

UN CENTRAL PARK VIENÉS
EN EL SUR DE LA CIUDAD

Cuando entras en el Kurpark Oberlaa, no solo accedes a uno de los parques más impresionantes de Viena, sino también a un lugar lleno de historia. En el siglo XIX, donde hoy la gente viene a relajarse, había un prado para que las cabras pastaran. Luego, en los años 1920, en este terreno de unas cien hectáreas se rodaron grandes obras del cine mudo como *Sodoma y Gomorra* o *La esclava reina*. Sin embargo, solo unos pocos nombres recuerdan aquel pasado glorioso, como por ejemplo Filmteichstraße, la calle del estanque del cine. Al final de la época dorada de los estudios cinematográficos, la zona quedó abandonada.

No fue hasta la Exposición Internacional de Jardines de 1974 cuando el terreno se transformó en parque y pasó a llamarse Kurpark Oberlaa. Ya calificado como el Schönbrunn del siglo XX, lo cierto es que el lugar tiene mucho que ofrecer.

**KURPARK OBERLAA
LAAER-BERG-STRASSE
1100 WIEN**

Entrada libre

wien.gv.at/umwelt/parks/anlagen/kurparkoberlaa

El paseo ideal comienza en la entrada noreste. Tras cruzar un pequeño bosque, bajas hasta la orilla del romántico Filmteich, el estanque del cine. Allí se recomienda disfrutar de las vistas desde la pasarela antes de pedir una ración de patatas fritas en la Kurparkdiele. Luego puedes pasar por el jardín del amor (¡ojo, todo un #instaspot!), descansar un poco en el jardín japonés o acariciar a los animales. Siguiendo el sendero bordeado de rosales a lo largo del Kurteich, el estanque termal, llegarás a la entrada principal, donde la pastelería Oberlaa te espera con sus tartaletas y otras delicias.

Si te has llevado el bañador, es el momento de terminar el día en las termas vecinas, relajándote en las aguas sulfurosas que se explotan desde los años 60. Tras haber disfrutado de tu día, puedes volver cómodamente a la ciudad en la línea de metro U1, en apenas 15 minutos.

SLOW FOOD
EN LA GRANJA DE LOS CARACOLES

Andreas Gugumuck cría caracoles en el sur de Viena desde 2008. Amante de la naturaleza, respetuoso de los recursos naturales y totalmente artesanal, está resucitando una antigua tradición culinaria vienesa relegada al olvido. Esta empresa familiar, fundada hace más de 300 años, muestra a los paladares aventureros cómo la unión entre la agricultura moderna y un perfecto conocimiento de las tradiciones regionales puede dar como resultado productos de primera calidad.

Disfruta de las visitas guiadas a la granja, de la tienda que vende deliciosas conservas de caracoles y, para ocasiones especiales, del espectacular menú de 7 platos del chef Jürgen Winter. El bar al aire libre, que abre todos los años a partir de mayo, destaca especialmente con su cocina sencilla de la granja a la mesa.

 **WIENER SCHNECKEN MANUFAKTUR GUGUMUCK**
ROSIWALGASSE 44
1100 WIEN

+43 676 365 36 43

gugumuck.com
Instagram: @gugumuck

CANTAR CON UNA LEYENDA
AUSTRIACA DEL FÚTBOL

En ocasiones, de un programa musical también muy arraigado a la tradición local: el evento por excelencia en este ámbito es, sin duda, la noche del *schlager*, que se celebra una vez al año con Hans Krankl, leyenda del fútbol austríaco, máximo goleador de la liga española en 1979 con el FC Barcelona y hoy convertido en cantante de música popular.

UNO DE LOS BIERGÄRTEN MÁS BONITOS DE VIENA, **ESCONDIDO ENTRE JARDINES FAMILIARES**

En el barrio de Schmelz está uno de los *Biergarten* (cervecería) más bonitas de Viena. Efectivamente, el Schutzhaus Zukunft se sitúa en el corazón de un conjunto de huertos familiares fundado en 1920, evocando el espíritu de esta ciudad de entreguerras. Esta urbanización se encuentra en el distrito de Viena con la mayor proporción de personas de origen inmigrante, las mismas que, desde hace siglos, han contribuido a hacer de Viena una fascinante mezcla de culturas. Para descubrir la ciudad al margen de los tópicos, siéntate en uno de sus bancos de madera, a la sombra de unos árboles venerables.

La cerveza fría va acompañada de una generosa cocina vienesa.

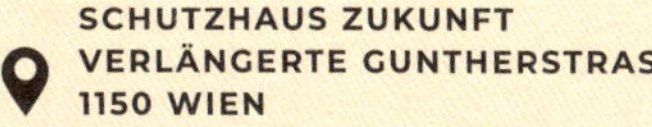

SCHUTZHAUS ZUKUNFT
VERLÄNGERTE GUNTHERSTRASSE
1150 WIEN

+43 1 982 01 27

schutzhaus-zukunft.at

¡QUE
NIEVE!

A finales del siglo XIX, Erwin Perzy, un técnico en instrumentación quirúrgica, quiso desarrollar una lámpara más luminosa para los quirófanos. En su lugar, inventó uno de los recuerdos de viaje más vendidos y copiados de todos los tiempos: la bola de nieve.

Hoy, esta pequeña empresa familiar fabrica unas 300 000 bolas de nieve al año, la mitad de las cuales se exportan a Japón. La variedad de motivos es enorme y, por lo general, no falta el humor. A excepción de las bolas de cristal, todas las piezas se fabrican y ensamblan en el propio taller. También se pueden hacer pedidos personalizados.

La encantadora tienda es también un museo en el que se exponen herramientas de producción históricas y modelos especiales, como una de las bolas de nieve fabricadas con motivo de la visita a Viena del presidente estadounidense Barack Obama.

ORIGINAL WIENER SCHNEEKUGELMANUFAKTUR
SCHUMANNGASSE 87
1170 WIEN

+43 1 486 43 41

schneekugel.at

BIG
IN JAPAN

Viena está, sin duda, llena de sorpresas. ¿Quién pensaría que el prestigioso distrito de Döbling esconde un pequeño rincón de Tokio? El parque, diseñado en los años 1990 por el paisajista Ken Nakajima, ocupa una superficie de casi 5000 m². Este espacio, símbolo del hermanamiento entre Viena y el distrito de Setagaya, te invita a pasear por una atmósfera auténticamente japonesa en cualquier época del año.

Junto a la entrada principal, una inscripción tallada en piedra marca la pauta: 不老門 (Furō-mon) significa la puerta de la eterna juventud en japonés. Y, de hecho, uno se siente casi como en una novela de Haruki Murakami: en un instante te olvidas de la rutina y descubres otro mundo atemporal.

Senderos que serpentean entre árboles de formas artísticas, combinando especies locales y japonesas, una casa de té, un estanque con carpas koi, el murmullo constante de una cascada… No hace falta ser un amante de Japón para dejarse cautivar. Para los fans de Instagram, el puente de madera que cruza el arroyo ofrece un marco totalmente fotogénico, mientras que los amantes de la lectura apreciarán la encantadora aparición del parque Setagaya en la novela *Auwald* de Jana Volkmann, una escritora alemana que vive en Viena.

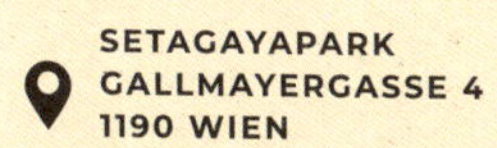

SETAGAYAPARK
GALLMAYERGASSE 4
1190 WIEN

Entrada libre

wien.gv.at/umwelt/parks/anlagen/setagayapark

© ADOBE STOCK / THE OBLIQUE VIEW

EL RESTAURANTE
MÁS ANTIGUO
DE LA CIUDAD

La historia de este magnífico restaurante se remonta al siglo XII. El edificio histórico, muy bien conservado, sigue teniendo elementos de la Edad Media, integrados en lo que más tarde se convirtió en una suntuosa casa barroca. En este entorno pintoresco, podrás disfrutar de una sabrosa muestra de la cocina tradicional vienesa y de las tierras de la corona imperial austrohúngara, elaborada con ingredientes regionales.

En verano, el jardín es un oasis periférico ideal donde disfrutar de una generosa cena en un ambiente relajado y acogedor. Para abrir el apetito, te recomendamos empezar con una refrescante copa de vino blanco de la finca Mayer, ubicada justo al lado, cuyas botellas figuran entre los mejores caldos de Austria.

RESTAURANTE PFARRWIRT
PFARRPLATZ 5
1190 WIEN

+43 1 370 73 73

pfarrwirt.com
Instagram: @mayerampfarrplatz.

PRIVAT
GRUNDSTÜCK

ZAPATOS DE LUJO
EN UN CASTILLO
DEL SIGLO XVI

La empresa de calzado de lujo Ludwig Reiter fabrica sus productos de primera clase en un entorno a su medida: un encantador castillo del siglo XVI. Cada día, en las antiguas caballerizas, se elaboran cerca de un centenar de pares de zapatos clásicos para hombre y mujer, todos cosidos a mano. Si quieres saber más sobre este fascinante oficio artesanal tradicional, reserva una visita guiada a los talleres de producción: se necesita un grupo de cinco personas mínimo y encontrar un horario adecuado. Joseph Potyka-Zeiler, tataranieto del fundador, compartirá con vosotros sus amplios conocimientos y os mostrará con todo detalle cómo se fabrican zapatos de la más alta calidad.

En cualquier caso, merece la pena visitar la tienda de la fábrica, donde podrás admirar y probar magníficas creaciones en el lugar en el que nacen. Con un poco de suerte, podrás encontrar incluso una pieza rara o un modelo descatalogado a un precio ventajoso.

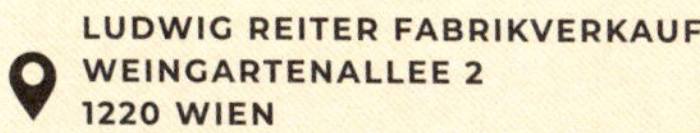

LUDWIG REITER FABRIKVERKAUF
WEINGARTENALLEE 2
1220 WIEN

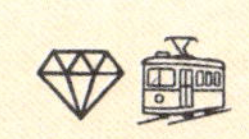

+43 1 255 93 00-61

ludwig-reiter.com
Reserva de la visita guiada:
fuehrung@ludwig-reiter.com

Instagram: @ludwig_reiter

EL CORAZÓN DE EUROPA CENTRAL
A TUS PIES

Si dispones de algo de tiempo para escapar del bullicioso centro de la ciudad, no dudes en subirte a un autobús o a un taxi para ir a disfrutar de un momento de evasión en Gallitzinberg, en las afueras. Solo tendrás que subir los 183 escalones de la Jubiläumswarte para contemplar las impresionantes vistas de la metrópoli y del bosque vienés que se extiende hacia el oeste. Cuando el cielo está despejado, se pueden incluso ver los primeros picos nevados de los Alpes, cuyo extremo noreste se funde con el bosque vienés.

Esta encantadora torre de observación, inaugurada en 1956, es también el punto de partida ideal para unas horas de relax en este inmenso espacio de recreo. Aquí podrás experimentar una maravillosa particularidad de Viena: en pocos metros, pasas de una de las ciudades más grandes y animadas de Europa a uno de los espacios naturales más bonitos del continente.

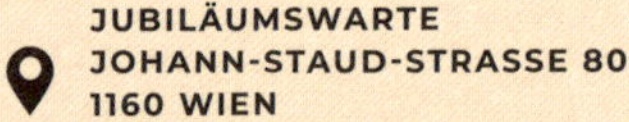

28

UNA IGLESIA QUE PODRÍA HABER INSPIRADO EL JUEGO *MINECRAFT*

Viena tienen un montón de iglesias espectaculares. Cualquiera que visite la capital austríaca conoce San Ruperto, con casi 900 años de antigüedad, la mundialmente conocida catedral de San Esteban o la iglesia votiva, maravillosamente restaurada en los últimos años. Pero entre las cerca de 300 iglesias de la ciudad, hay auténticas joyas ocultas. Una de las más sorprendentes se encuentra en el extrarradio, al oeste: la iglesia de los Cuatro Evangelistas en Oberbaumgarten es una fascinante obra maestra de la arquitectura religiosa de la posguerra.

El módulo base de este edificio de hormigón armado es un cuadrado, o más bien un cubo. Desarrollado sistemáticamente hasta en los detalles más mínimos del espacio interior, crea un edificio de una lógica hipnótica, con una estructura impresionante que se extiende por toda la superficie de la construcción. Gracias a un diseño de iluminación genial, la extraordinaria atmósfera cautivará tanto a los amantes más agnósticos de la arquitectura como a los fieles creyentes.

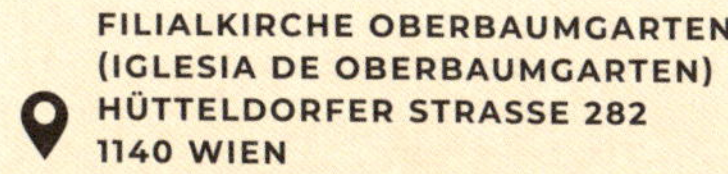

Entrada libre

+43 676 578 82 98

# #
29

ORA ET LABORA –
REZA Y TRABAJA

A pocos kilómetros al sur de Viena está la antigua misión de San Gabriel. Solo quedan unos pocos religiosos en esta casa misional fundada hace 135 años, que llegó a albergar a más de 650 en su época de máximo esplendor. Una gran parte del inmenso recinto estuvo vacía durante mucho tiempo, hasta que un nuevo proyecto de explotación lo revitalizó hace algunos años. Hoy, San Gabriel vuelve a ser un lugar lleno de vida.

El hotel Gabrium es una auténtica joya, el punto de partida ideal para una estancia fascinante en la capital austríaca. Un agricultor ecológico cuida los jardines del claustro y ofrece productos de primera calidad directamente de su granja. Justo al lado, podrás descubrir otros placeres culinarios en la tienda delicatessen con una amplia variedad de productos, una escuela de cocina, e incluso un café con su propio tostador.

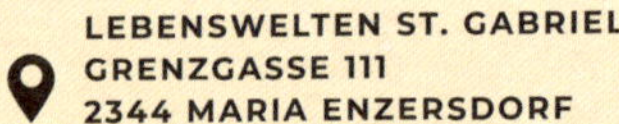

+43 660 549 83 45   lebenswelten-stgabriel.at

GABRIUM

Lo demás resulta más bien inesperado en un monasterio: una sala de *crossfit*, una enorme librería, un taller de reparación de bicicletas, una consulta de *shiatsu*, otro de fisioterapia, y estudios de fotografía, pintura y cerámica. Y si no te gusta quedarte de brazos cruzados durante los viajes, tienes un espacio de *coworking*.

Sin embargo, la experiencia más bonita te espera en los antiguos jardines que rodean el claustro: una atmósfera de paz y tranquilidad increíblemente romántica.

TRES JOYAS CULINARIAS EN SAN GABRIEL

> El antiguo sumiller Rudi Skala ofrece un extraordinario surtido de sabores: quesos procedentes del mejor restaurante de Austria, 230 vinos excepcionales y delicias de pequeños productores descubiertos por toda Europa.

Skala Wein & Kost im Alten Bauernhof
Grenzgasse 111/7/7/10 - 2340 Maria Enzersdorf
+43 660 709 66 33
weinundkost.at
Instagram: @skala_wein_kost

> En el taller de Rober Dannbauer, puedes aprender y perfeccionar varias habilidades: hacer pan y pizza, fabricar tus propios quesos o incluso preparar un delicioso *ramen*, una sopa de fideos japonesa de lo más original.

Kochatelier St. Gabriel
Grenzgasse 111/9/8 - 2340 Maria Enzersdorf
+43 676 359 09 10
kochatelier.at
Instagram: @kochateliersanktgabriel

> En Deluke, se tuestan desde 2015 cafés excepcionales procedentes de los mejores terruños del mundo. Encontrarás más de veinte variedades en la carta, y podrás degustar el «café de la semana» en este establecimiento tan chic.

Deluke Coffee
Grenzgasse 111/11/3 - 2340 Maria Enzersdorf
office@deluke.coffee
deluke.coffee
Instagram: @delukecoffee

SKALA WEIN & KOST
IM ALTEN BAUERNHOF

KOCHATELIER
ST. GABRIEL

DELUKE COFFEE

Unbekannt

EL ESPÍRITU MACABRO
DE VIENA

Hay un tópico muy arraigado que presenta a Viena como la capital mundial del turismo macabro: se dice que sus habitantes tienen una relación muy estrecha con la muerte. Pero cuando hayas visitado el *Friedhof der Namenlosen* (cementerio de los sin nombre), comprenderás mejor la fascinación que ejerce este lugar insólito.

Incluso Hollywood ha caído bajo su hechizo: el director estadounidense Richard Linklater llevó a Jesse y Céline, los héroes de su película *Antes del amanecer* (*Before Sunrise*), no solo por las pintorescas calles del centro de Viena, sino también hasta sus suburbios, a este cementerio de los anónimos. Allí descansan los cuerpos, la mayoría no identificados, que el Danubio arrastró entre 1840 y 1940, cuando su cauce aún no estaba regulado. Las sobrias cruces de hierro, que a menudo solo llevan la inscripción *Namenslos* (sin nombre) o *Unbekannt* (desconocido/a), recuerdan el trágico destino de quienes hacen de este cementerio abandonado uno de los lugares espirituales más bonitos de Viena.

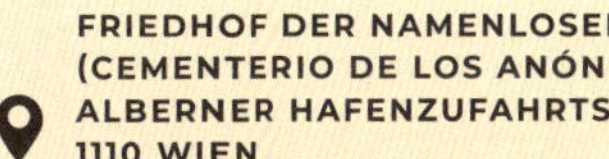

**FRIEDHOF DER NAMENLOSEN
(CEMENTERIO DE LOS ANÓNIMOS)
ALBERNER HAFENZUFAHRTSTRASSE
1110 WIEN**

Entrada libre

+43 660 6003023
friedhof-der-namenlosen.at

EN LOS SÓTANOS
DE LA NOCHE

Todos los fines de semana se forma una larga fila delante de una puerta de apariencia anodina, en la esquina de Berggasse y Wasagasse. Esta discreta entrada da acceso a uno de los clubes subterráneos más bonitos y alocados de Viena, y se necesita cierta buena dosis de suerte y un poco de encanto para ganarte el derecho a entrar...

Pero entre semana, cuando el ambiente es más tranquilo, es un bar encantador y bien cuidado que te da la bienvenida - aunque se suele llenar rápidamente a medida que avanza la noche. Para nosotros, es uno de los mejores locales para los noctámbulos, un refugio subterráneo donde siempre flota la promesa de noches desenfrenadas bajo la luz tenue de las bóvedas.

**DIRECCIÓN
SECRETA**

Este libro es obra de:

Wolfgang Reitter y Barbara Kadletz, autores

Georg Moehrke, fotógrafo

Ivett Galambos, ilustradora

Emmanuelle Willard Toulemonde, diseño

Patricia Peyrelongue, traducción

Carmen Moya, corrección de estilo

Anahí Fernández, revisión

Mado de La Quintinie, edición

Mapa y contraportada : © Ivett Galambos

Portada : © Georg Moehrke

Escríbenos a info@editorialjonglez.com

Síguenos en Instagram: @editorialjonglez

GRACIAS